教子有方11

What to Do When Your Temper Flares
A Kid's Guide to Overcoming Problems with Anger

脾氣爆發了
怎麼辦？

幫助孩子克服發脾氣問題

Dawn Huebner　著　　Bonnie Matthews　圖

陳信昭 審閱　陳信昭、陳碧玲 譯

台灣心陽光協會 策劃

What to Do When Your Temper Flares

A Kid's Guide to Overcoming Problems With Anger

Dawn Huebner (Author)
Bonnie Matthews (Illustrator)

作者／繪者簡介

關於作者

Dawn Huebner博士是在New Hampshire的Exeter居住的一位臨床心理師，專長是兒童及其父母的治療。目前致力於如何幫助孩子克服負向情緒。

關於繪者

Bonnie Matthews為許多兒童書籍繪過圖。她畫的一些古怪人物也已經出現在全世界超過100本雜誌上面，甚至禮品包裝紙、賀卡及多種目錄上也用過她的繪作。她目前居住在Baltimore。

目 錄

給父母及照顧者的話

煙火！我們每年都很渴望能抬頭看到它們綻放。就在那一瞬間，某樣東西——光芒綻放之前的尖銳噼啪聲——讓我們屏氣凝神，期待下一次，又再一次。我們在黑暗中聚集，身體帶著某種程度的緊張，看著、等待著。然後接下來就是令人眩目的演出。

在草地上引頸觀看煙火，同時知道那些火花及殘存的嘶嘶聲其實距離相當遠，這是一種心境；日夜目睹它們發生在我們的自家內，知道我們家被爆破深深傷害，這又是另一種心境。然而，若家中孩子有生氣問題，父母其實就在經歷這種過程。

假如你正在讀這本書，很可能你所愛孩子的生氣問題讓你有所警覺。或許你的孩子很容易動怒，只要一點點刺激就可以讓他暴跳如雷。或許你的孩子有攻擊性，動不動就拳頭相向或口出惡言。或者你看到孩子多年以來一直無法應付挫折，只會把事情搞砸，同時又會疏遠家人和朋友。你的擔心很可以理解。引信比較短的國小孩子不太可能神奇般地擺脫這個問

題。遺傳、氣質及學習因素共同決定了行為，導致了甚至可以延續終生的爆發模式。沒有人想要孩子是這個樣子。

你一定很想知道有什麼方法可以鎮壓或消除你孩子的生氣，但那不是你在這幾頁裡面可以找到的治癒方法。畢竟，生氣是一種正常、健康的感覺，它固然不令人愉快，但它是我們身體讓我們對問題產生警覺的方式。生氣提供我們燃料，讓我們有必要的能量來改正錯誤。不過，正如你所知，它會帶來一個相當重大的副作用。生氣有時會變得太大，可能在一轉瞬間完全失控。它也可能被誤導，或是以帶來傷害的方式表達出來。因此，我們固然不希望對孩子傳達出他們不該生氣這種訊息，但我們真的該幫助他們學會利用他們的生氣，並且以建設性的方式來利用生氣。

孩子傾向於將生氣經驗為發生在他們身上的某件事情。一旦他們不喜歡別人所說或所做的事——砰！——他們就生氣了。《脾氣爆發了怎麼辦》這本書可以幫助孩子扭轉對生氣的這種被動反應。它會教導孩子思考生氣的新方法，並且提供一套工具來協助他們在事情出錯時可以減少脾氣熱度，以及用更適當的方式來回應。

本書所描述的技術是根據認知－行為原則。認知的部分可以幫助孩子瞭解及控制他們的想法；行為的部分則教導一套建設性的技巧。本書的目標不只是閱讀如何管理生氣，同時也包括實際上怎麼做。《脾氣爆發了怎麼辦》可以促進孩子已經擁有的知識、力量及動機，同時幫助他們在一開始就

覺得勝任。新的概念附加在熟悉的概念上面；新的技巧則一步一步教，而且方法都很簡單又有趣。實務練習則編成課程的方式。

在幫助孩子學習及使用本書所描述的技巧方面，你扮演一個重要的角色。花一些時間先預習這本書。假如你知道你和孩子究竟進行到哪裡，你就會成為一位有效率的指導者。你的孩子固然可以單獨閱讀這本書，若有父母（或其他具支持性的大人）陪著孩子讀，孩子的獲益將會更大。讓閱讀本書具有優先性，儘量不要讓別的事來打擾你們的閱讀。你們可以輪流閱讀某些章節，若有需要畫畫或書寫的部分出現，就可以先停下來讓孩子完成。

你無疑一定是很渴望孩子能管理好他（她）的生氣。然而，你必須避免讓孩子囫圇吞棗似地看完這本書。假如他們有時間慢慢吸收概念以及練習書中所提供技巧的話，他們就會有最大的收獲。因此，慢慢地讀，一次只讀一、二頁。在兩次閱讀中間的時間裡，要儘量運用你和孩子正在學習的用語。要經常提到隱喻，同時幫助你的孩子將隱喻和他的實際經驗連結起來。溫和地運用本書所示範的幽默，而且記得要把你和孩子放在

笑話的同一側。要有耐性；要記住新技巧並且順利地運用它們，實在需要時間和練習。

　　你可幫助你的孩子練習本書的最大重點──撲滅生氣的方法，方式是由你自己開始練習。本書的所有技巧適用於兒童，也適用於成人。假如家中每個人都運用這些技巧的話，那生活就會過得更加快樂、平順。假如你或家中某人在面對孩子的生氣時很難保持平靜的話，就應該尋求專業協助，以便在整個過程中對你們有所引導。

　　孩子（及成人）可以學會一套技巧來馴服生氣──平靜下來、清晰思考、解決問題，最後不管它。教導孩子這些技巧相當重要，因為自我控制良好的孩子通常比較受同儕喜愛，在學業上較為成功，也比較好相處，更不用說生活過得比較快樂了。而你也會比較快樂。《脾氣爆發了怎麼辦》將會幫助你的孩子把煙火搬回到戶外，那是煙火應該在的地方，在那個地方，煙火可以在夜空中盡情綻放。

第一章

坐在駕駛座上面

你曾經開過車嗎？

　　假如你回答有，我希望你指的是遊樂園裡的碰碰車，或是在固定車道上、由電池啟動的小車子，或是在你家地板上跑來跑去的遙控汽車。等你長大，你就可以學習開真的車。

◎ 畫你自己正在駕駛一輛你夢想中的汽車，那是你希望有一天能擁有的一輛汽車。

開車很有趣。你可以決定要到哪裡去，而且是由你掌控如何到達那裡。

開車也很困難。你必須隨時都全神貫注；你必須掌握方向盤；你必須在最恰當的時間點轉彎，不能太早也不能太晚；你必須加速，但又不能太快；你必須防範別的車來撞你；你也必須遵守交通規則。開車時很容易就失控，然後就**撞車**了！

撞碰碰車很好玩，那也就是玩碰碰車的用意。讓遙控汽車撞車也很好玩，特別是那種設計用來飛簷走壁的遙控汽車。

但若是真正的汽車，撞車可不好玩。那是一件很恐怖、危險的事情，而且可能會帶來不好的結果。這也就是為什麼人們在駕駛真車之前還必須上很多課的原因。同時，你從駕駛課程中學到的主要事情之一就是控制車子。

我們的身體有點像汽車。我們需要有燃料才能運作良好；我們必須保持乾淨；我們必須定期做保養、檢修；同時我們必須遵守規定，以便有助於讓每個人都獲得安全。

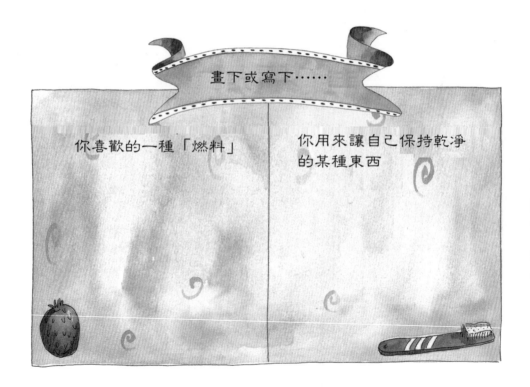

畫下或寫下……

你喜歡的一種「燃料」

你用來讓自己保持乾淨的某種東西

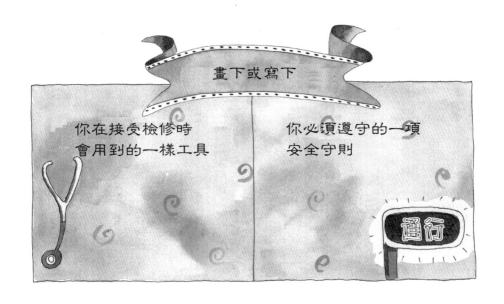

畫下或寫下

你在接受檢修時
會用到的一樣工具

你必須遵守的一項
安全守則

遵行

在你開車的時候，有時候沒有別的車在馬路上，而且路很直，同時你又相當清楚自己要去哪裡。在這種情況下，你就很容易遵守一些規則，並且可以好好地控制車子。

但是，有時候路上很擁擠或凹凸不平，或是有很多轉彎。有時候很趕或很累，或是已經迷了路。有時候路上風很大或霧很濃，或是四週很暗，以至於即使開大燈都很難看得到路。

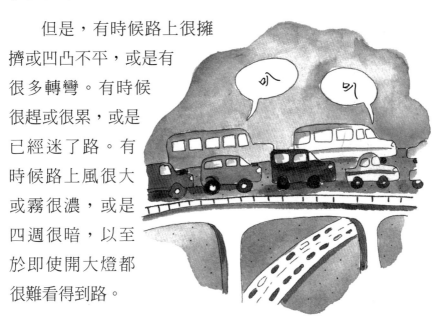

好的司機知道，在所有的這些情況下，即使自己的心情不好或是電話同時又響起或是孩子又在爭吵，即使別的車開得太近或是突然超車，即使天上下著雪或飄著雨，不管如何，他們都必須掌控好這部車子。否則，可能就會有災難發生。

還有好幾年你才會去開真正的汽車，但是你仍然可以學習如何成為一位好司機。你可以自行練習。

那就對了，你可以坐上你自己生活的駕駛座，就是現在，從今天開始。

有時候你很容易控制你自己，而那也很有趣。你可以決定唱歌要唱得多大聲或是要跳得多高或是要從圖書館借哪一本書出來看。不過，有時候情況並不怎麼有趣。有時候會有一些規定。但你並不想遵守；有時候你想要某樣東西，但卻得不到；有時候別人會做出一些你不想要他們做的事，或是說出一些你不想要他們說的話。

然而，你仍然是司機，你無法掌控別人，卻可以掌握自己的方向盤和控制權。而且，就像一部真正汽車的司機一樣，你所做的事以及你所做的選擇將會決定你即將經驗何種旅程。

或許你的旅程滿布石頭，使得你難以保持控制。或許你是那種在有狀況發生的時候會引擎過熱的孩子，也就是那種試圖要冷靜下來但最後卻脾氣爆發的孩子。沒關係，猜猜看怎麼了？你可以不必再成為那樣的孩子了。

假如你已經準備好要學習如何成為你自己生活的司機，想要在即使很難的情況下學會控制自己，那這本書就很適合你。它將會教導你如何避免撞車以及如何到達你想要去的地方。

第二章
有關生氣的一個祕密

每個人偶而都會生氣。事實上,它是這麼一種常見的情緒,以至於我們有許多用語可以來形容它。以下的這些用語都意謂著生氣,看看你還能不能夠想到別的用語。

想想看生氣會帶來什麼樣的感覺。擺出一個生氣的表情，好幫助你自己進入這個情緒中。試著將真正的感覺帶入你的身體，那種感覺並不好，是嗎？

現在想想別人對你生氣的那些時候，那種感覺一定也不好。事實上，在你想像這些的過程中，生氣似乎成為一種應該要避免的狀況。

但事實上，生氣是一種好事，那表示我們身體正在告訴我們說我們不喜歡正在發生的那件事。

問題在於，生氣可以非常快速地變大。

它可以導致我們說出一些我們心中並不真正那樣想的話，並且做出一些我們在心情平靜下不可能會做的事情。變得太大的生氣會讓不好的狀況變得更糟，而且會讓我們陷入許多的麻煩當中。

想想最近讓你覺得氣炸了的某些事情。仔細地想。想想關於學校和家裡的事；想想你的弟弟和妹妹；想想那些你想要但卻又得不到的東西；想想別人所做或所說的一些會讓你氣瘋的事情；想想上一次你對著父母大吼大叫情況。努力想，然後列出來。

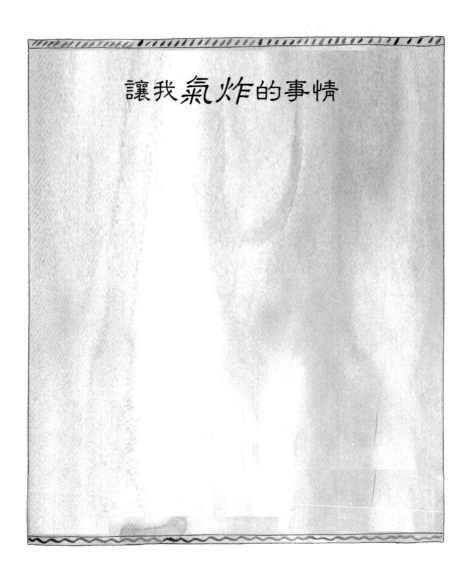

讓我氣炸的事情

你是不是寫下很多讓你氣炸的事情呢？大多數孩子都會寫很多，因爲有很多事情都會帶來生氣的感覺。

不過，生氣有一個祕密，那個祕密會幫助你在事情出錯時免於脾氣爆發。一旦你知道了這個祕密，你的生氣就不會搞得太大、太恐怖，或是讓你陷入麻煩當中。（順道一提，有許多大人也不知道這個祕密，這也是他們之所以那麼常生氣的原因。）

假如你就像多數其他孩子一樣，知道這個小祕密可能會讓你有點氣壞了。你可能會想「這本書寫得眞蠢，不是我讓我自己氣

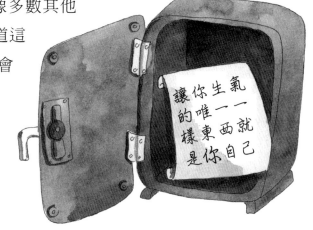

讓你生氣的唯一一樣東西就是你自己

炸！是我那討人厭的弟弟或是我那很過份的老師，或是因爲我妹妹偷用我的電腦……等等。」

雖然如此，先停一下，做個深呼吸，拿個書籤做個記號。你即將要知道一件非常有趣的事情，這件事甚至有可能會改變你的一生。

◎ 有人（不是
你自己）把
盤子上面最
後一塊餅乾
拿走，將那
個人畫出
來。

那會讓你非常生氣，不是嗎？你會怎麼辦？

◎ 在空格內寫下你的想法。

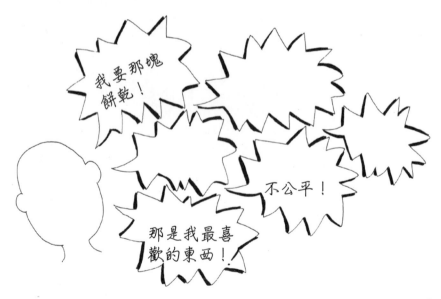

◎ 畫出臉上的表情，以表示你有什麼感覺。

不過，假如是這些想法出現在你腦海裡：

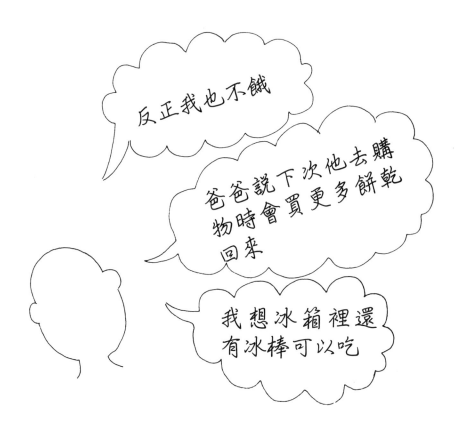

反正我也不餓

爸爸說下次他去購物時會買更多餅乾回來

我想冰箱裡還有冰棒可以吃

假如你是想到這些，你會有什麼樣的感覺？

◎ 畫出上面臉上的表情來表示出感覺。

你看，並不是發生的事情讓你生氣。在上面這兩種情況中，都有人把最後一塊餅乾拿走了。相反地，讓你很生氣或是幫助你感到好過的是你對事情的想法。

我們來舉另一個例子。

下星期就要放假了，你的老師擔心課程有點落後，因此這星期的拼字作業有30個字，而不是平常的20個字。如果你怎麼想，就可能會讓你覺得很生氣？

◎ 寫下來。

好，以下是一模一樣的情境，只是改變了想法。

什麼樣的想法可以幫助你來面對那額外的10個字呢？

◎ 把那些想法當中的一個寫下來。

沒關係，只是每天多2個字而已，況且，下禮拜就不再需要寫了

因此，並不是發生的事情讓你生氣，決定你有什麼感覺的是你對事情的想法。

現在，你已經知道你並不能控制發生在你身上的事情。人們在說或做事情之前並不會先徵求你的同意。在池畔舞會舉辦的那一天可能會下雨，或者你可能會輸了比賽，或者某些人可能會在學校裡嘲笑你。你無法控制這些事情。

但是，你可以控制你怎麼想，而且你怎麼想將會決定你會有什麼感覺。因此，假如你改變了你的想法，你就可以改變你的感覺。而且，假如你已經厭倦了做一個事情不如你意就大發脾氣的孩子，你所必須做的就是學會如何遠離導致脾氣爆發的生氣想法。

那是許多孩子已經學會的一件事，你一定也可以做得到。

繼續讀下去，你就會知道怎麼做。

第三章

生氣會爲你贏得友誼嗎？

你必須花些功夫來學習改變你的想法，以便對你的生氣有更好的控制。你可能會想「幹嘛那麼麻煩？」

這是一個好問題。

◎ 花一點時間回答這些問題：

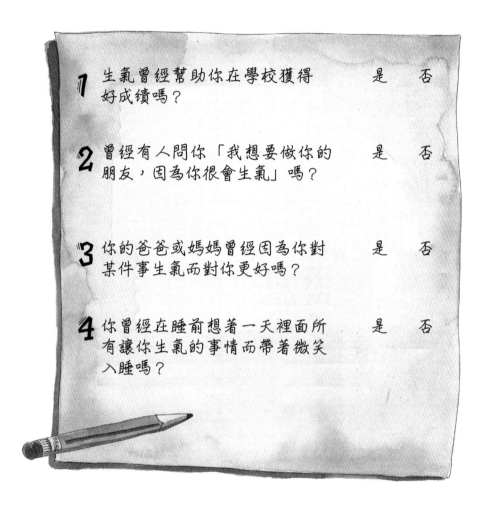

1 生氣曾經幫助你在學校獲得好成績嗎？　　　是　　否

2 曾經有人問你「我想要做你的朋友，因為你很會生氣」嗎？　　　是　　否

3 你的爸爸或媽媽曾經因為你對某件事生氣而對你更好嗎？　　　是　　否

4 你曾經在睡前想著一天裡面所有讓你生氣的事情而帶著微笑入睡嗎？　　　是　　否

　　假如你對這些問題的大多數答案為否，那麼生氣就不是在幫助你。

◎ 現在回答這些問題：

5 你曾經因為你在生氣時所說的話 是 否
或所做的事而陷入麻煩嗎？

6 在你心情平靜之後，你曾經為你 是 否
在生氣時所說的話或所做的事感
到難過嗎？

7 你曾經因為太忙著生氣而無法完 是 否
成某些事情嗎？

假如你對這些問題的大多數答案為是，那麼生氣不但沒
有在幫你，它事實上還會讓事情變得更糟糕。

生氣不會爲你贏得友誼或是讓你在家更好過，事實上，它可能還會爲你帶來許多麻煩。

這也就是爲何你最好要學會馴服你的生氣，好讓它不再爲你帶來太多麻煩。

你可能會想說假如別人不要來煩你，你就不會生氣。你的想法也沒錯，但是問題是，你無法控制別人要做什麼。

那是一件壞消息。你無法控制別人要做什麼。

但是，好消息是你還是可以活得快樂。你可以學習控制你自己的脾氣，即使別人還是來煩你或是讓事情變得更困難。而且，可以控制自己脾氣的孩子一般來說都會是比較快樂的孩子。

第四章

著火了！著火了！

人們通常說生氣像是火一樣，兩樣都很**熱**。它可以**狂暴**到失去控制；它也可能「**燒傷**」任何接近它的人。這是一個很好的比喻，因此我們就花一點時間來談談火。

即使你沒有真正升過火，你可能也知道怎麼做。你必須有一些木材，而且要搭得可以讓空氣流過。你需要一些火種，像是小樹枝或紙團。火種是一些很容易著火的物品。然後你需要某種可以點燃火的東西，可能是一根火柴。

◎ 在這個石坑中升火。

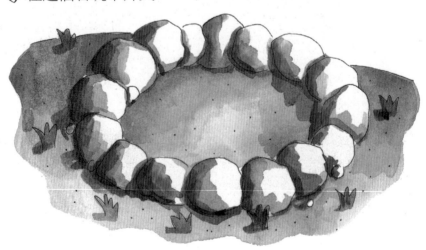

假如你想要火焰燒得更烈，並且維持很久的時間，你必須做些什麼事？

在火裡添加更多的木材可以讓火繼續燃燒；透過煽風或吹氣來製造一陣陣短快的微風也有助於燃燒。透過添加木材來助長火焰就叫做為火焰提供燃料。

但是假如你想要火焰熄滅又該如何？你必須做些什麼事？

假如你放著火不管，不對它吹氣或添加更多木材，那麼火焰最終就會燒盡燃料。一旦沒有東西可以燒，火焰自然就會熄滅。假如你想要更快撲滅火焰，你就必須倒水在火焰上面，有時候還必須倒很多水才行。這叫做潑水滅火。水會撲滅火焰並且弄溼木材，讓它難以燃燒。

生氣真的很像火焰，不是嗎？有時候只需要一點點東西就可以讓它發作。生氣可以很快發生又很快平息，或者它也可能變成熊熊烈火，所到之處破壞殆盡。

你將會看到，生氣是要發作或平靜，完全取決於你。

一旦發生了讓你很生氣的事，你有一個選擇。你可以餵養你的生氣，或者你也可以撲滅它。

　　你已經知道如何餵養生氣了。你所需做的事就是想很多生氣想法，然後你的生氣就會變得越來越大。生氣行動，像是打人或撕壞物品，也會讓生氣變大。

　　但是撲滅生氣又如何呢？你到底可以怎麼做呢？事實上，方法還不少呢！

　　下面四章每一章都會教你一種撲滅生氣的方法。一項一項地學習，然後再決定哪種方法最適合你。

第五章

撲滅生氣方法一：休息一下

生氣時就像是站在一臺巨大的吸塵器前面一樣。

假如你是在家中閱讀本書，去找一臺吸塵器來，這樣你就可以做個實驗。（先問過你媽媽或爸爸可不可以）假如你手邊拿不到吸塵器，你就繼續讀下去。你可以運用你的想像力以及你對吸塵器的知識來幫助你瞭解這個實驗。

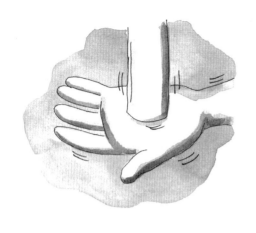

把管子接到吸塵器
上，然後打開電源。將你
的手掌放在管子前面，有
什麼感覺？

很有威力，不是嗎？

讓吸塵器開著，然
後把你的手移開管口，放
到管到管子側面去，現在有什麼感覺？（沒什麼感覺，對
嗎？）

現在把你的手再移到管口。哇！很強，不是嗎？

假設有一臺管子很大的巨大吸塵器打開電源，而且就放
在你前面，那會怎麼樣？它會把你吸進去，不是嗎？

假如你不想被吸進去吸塵器裡面，那你必須做什麼？

假如你不想被吸進去吸塵器裡面，你有兩個選擇：

1 過去將吸塵器的電源關掉。

2 在它的吸力變得太強之前先走開。

　　生氣就像是那臺巨大的吸塵器，它會抓住你抓得很緊。在你讀完這本書的時候，你會知道如何將生氣關掉，不過現在我們來談談你的另一個選擇：走開。

離開生氣的方法就是休息一下。

　　休息一下指的是離開你生氣的場景，意思是你暫時先一個人走開，這樣你就能平靜下來，並且更清楚地思考一下。這是一個非常非常有用的方法，但也是很難做到的方法。

　　為什麼會這樣？

　　再想想巨大吸塵器這個例子。你站在它面前越久，它就越會把你吸進去，你也越難走得開。你必須真的意志堅定，並且強烈地決定「我要離開這裡」，然後真的離開。不過，一旦你真的做了，事情就會變得很簡單了。一旦你真的走開，你就打破了吸塵器對你的掌控。

生氣也像那樣，你必須下定決心走到一邊去。那並不表示你屈服，那只表示你正在休息一下。有很多方法可以休息。

你可以回你的房間。

你可以去打打籃球。

你可以去讀一本書。

你可以去玩玩你的蜥蜴寵物，讓他爬上你的手臂。

在學校你的休息方式甚至可以是跑去喝一杯水，或是在空白紙上面畫你最喜歡的卡通人物。

在從生氣情境離開、休息一下時，你可以做哪四件事情？

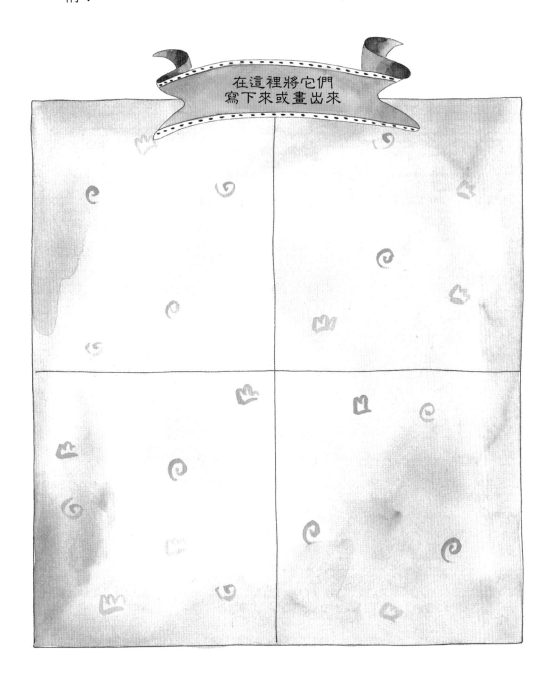

在這裡將它們
寫下來或畫出來

在你學習新方法來面對生氣時，很重要的是做很多的練習。有一個很有趣的方法可以用來追蹤你練習休息。

找一條長長的細繩並且將它放在你房間內（假如你的房間是你練習休息的主要場所）。每一次只要你離開生氣對你的掌控，而來到你房間做一些有趣或放鬆的事情幫助你自己平靜下來，你就在細繩上綁一個結。

一旦你有了10個結，你就拿去給你媽媽或爸爸看，好讓他們可以跟你一起慶祝。事先想好10個可以得到什麼獎賞：睡前打電動、外出吃冰淇淋、與朋友外出過夜。

◎ 在細繩的結旁寫下你的主意。

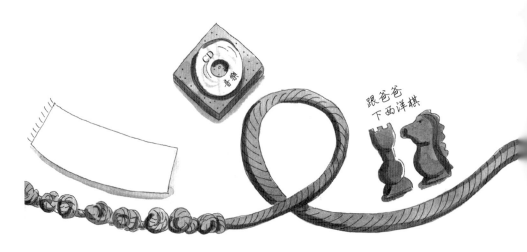

42

在你有了10個結之後，你接著可以挑戰20個結，然後30個結。

一旦你開始感到生氣，想一想那個巨大的吸塵器正在吸著你。不要光是站在那裡！下定決心走開，去休息一下。

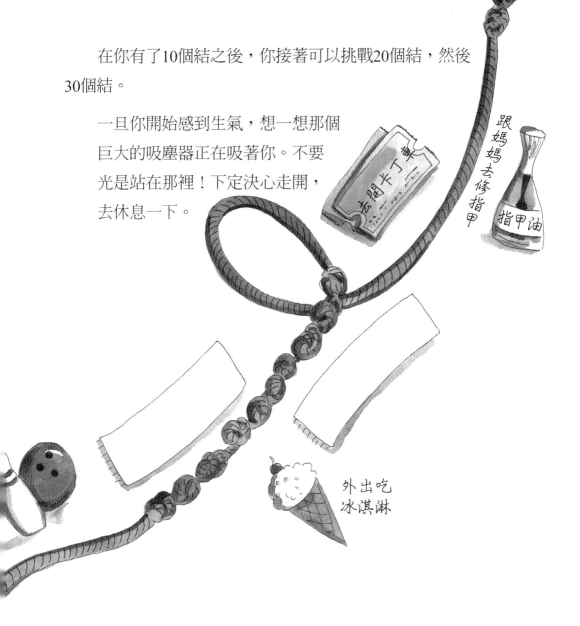

跟媽媽去修指甲

指甲油

外出吃冰淇淋

休息一下有助於你感覺好過一點，如此你就可以想得更清楚一點。一旦你可以想得清楚，你就比較不會陷入麻煩，也比較容易想出方法來解決困擾你的問題。試試看，你就知道。

第六章
撲滅生氣方法二：
想一些冷靜想法

你曾經留意到自己會自言自語嗎？其實每個人都會。那就好像在我們的內心有一個小小的聲音對於我們所看見的事物、剛剛發生的事、等一下要發生的事在做評論。這個小小的聲音事實上是我們的想法，它並非獨立存在於我們之外，反而是我們本身的重要部分。

有些人有覺察到這個小小聲音。假如你問他們正在想什麼，他們能夠告訴你。其他人並非那麼覺察。假如你問他們

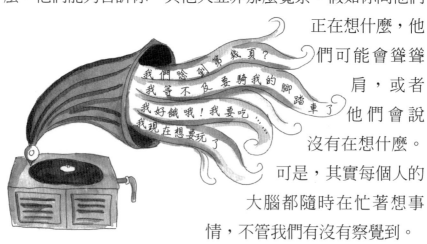

正在想什麼，他們可能會聳聳肩，或者他們會說沒有在想什麼。可是，其實每個人的大腦都隨時在忙著想事情，不管我們有沒有察覺到。

當我們生氣，我們的大腦閃出的第一個想法通常是**偏激**的想法。對多數人來說，這種情況通常都是自動化地發生。他們會生氣，然後開始想到並對自己說自己在生氣了。你可以想像得到，這些偏激想法事實上會讓生氣延續下去。它們是延續生氣之火種。

以下是偏激想法和一些例子：

閱讀以下所描述的每一種狀況，然後寫下跑進你腦子裡的第一個偏激想法。

你正在玩你最喜歡的電視遊樂器，卻錯失了大好得分機會。

你媽媽昨天晚餐給你吃花椰菜，你告訴她說你討厭吃這種菜。剛剛她又把花椰菜放到你的盤子裡。

你正在學校裡做數學題目，卻碰到有一題怎麼想都想不出該如何解題。

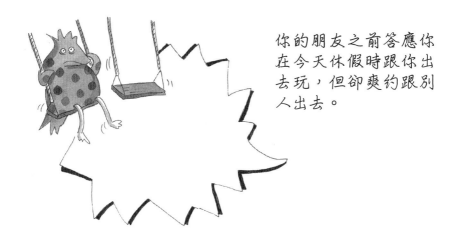

你的朋友之前答應你在今天休假時跟你出去玩，但卻爽約跟別人出去。

這些偏激想法中的每一種都保證會讓你更加生氣。偏激想法會幫助生氣長得更大。

休息一下，這是你在上一章所學到的，會讓你有機會平靜下來。

這就像離開一個小火苗一樣。只要你在休息期間不再想著偏激想法，你的生氣就會減輕，最後終於消失不見。接下來你就可以更有效率地面對問題了。

但是，你還是可以做這些事更快地來撲滅這場火。你可以想一些**冷靜**想法。

　　冷靜想法就是某些你可以在腦子裡面想且可以讓你感覺比較好過的想法。冷靜想法並不會告訴你該怎麼做，但是它們會讓你平靜下來。平靜想法的重點就是在偏激想法上面灑水，以降低它的熱度。

孩子通常只想要忽略他們的偏激想法，但你知道這並沒什麼用處。不過，冷靜想法卻很有用，它們與忽略有所不同，因為它們更具有主動性。冷靜想法會撲滅偏激想法之火。

閱讀下面的每一個例子，然後在空白處寫下冷靜想法。你可以參考前2頁的範例，或是創出你自己的冷靜想法。

你剛剛被三振出局。

你媽媽對你大吼大叫，因為你嘲笑你弟弟，但其實是他先招惹你。

你找不到你寫好的家庭作業，但校車很快就要來了。

你真的很口渴，您想要停下來喝口水，但你爸爸說他不要停車。

　　這裡有一些關於冷靜想法的趣事。只有在你自己想到它們的時候，它們才會有用。若是別人對你說出一個冷靜想法，這通常不會有用處，事實上通常反而讓事情變得更糟。因此，假如你正在生氣，你父母不應該為你說一些冷靜想法，相反地，他們可以說「你好像在生氣了，你現在腦子裡有什麼偏激想法呢？你可以對自己說一些什麼冷靜想法，好讓你可以開始感覺好過一點呢？」

　　對自己說一些冷靜想法的效果真的很棒。即使你並非完全相信它們，冷靜想法還是會有幫助。事實上，你越常告訴自己冷靜想法，這些想法就變得越真實。

舉例來說，假設你要跟班上同學一起去水族館參觀，卻剛好跟一位你很討厭的同學分在同一組，這時有一些偏激想法可能會跳進你的腦海：

你的偏激想法會神奇似地改變你的同伴嗎？當然不會！

你的偏激想法會幫助你享受這趟旅程嗎？當然不會！

但是冷靜想法就會有幫助。因此，你記得了你之前閱讀過的東西，然後想到了冷靜想法：

你可能必須說個幾次。你可能必須告訴自己要冷靜，然後深吸幾口氣。你可能必須短暫休息一下，或許是透過把思緒轉移到你們即將看到的那些令人驚艷的魚類身上。

你無法阻止偏激想法自動化地跳進你腦海裡，但是你可以決定不要讓這些偏激的想法繼續下去。假如你遠離它們，特別是假如你能夠用冷靜想法來取代它們，那你就會開始覺得好過一點。

而且事實是，你會撐過去，即使你沒有跟你想要的同伴編在同一組。你不只會撐過去，你這會變得更強壯。你會發現你可以面對失望及苦惱。你可以掌握它們或是經歷它們，但卻沒什麼可怕的事情發生。一旦你沒有忙著用你的生氣來讓不好的狀況變得更糟，那些狀況就會消失得更快一點。

第七章
撲滅生氣方法三：
安全地釋放生氣

我們有腦和身體合作努力讓我們保持安全。當曲棍球的橡膠圓盤朝向我們飛來，或是一個溜直排輪的孩子在人行道朝我們溜過來，我們的腦部很快地告訴我們的身體要準備好有所行動。我們可能會蹲下來或跳出人行道，或是做出我們所想到可以保護我們自己的事情。

我們的腦部看到生氣就像看到飛過去的橡膠圓盤一樣。

危險！一旦我們生氣了，我們身體裡面就會發出警報。我們的心臟開始跳得更快，而我們的肌肉也準備好要有所行動，以便防衛自己。生氣想法會助長我們身體的反應，就如同木材助燃一樣。我們有越多的生氣想法，我們就越感覺到熱、緊繃及生氣。

對某些孩子，生氣可以很快地從他們所想的某些事物移到他們全身所感覺到的某些狀況。他們的呼吸變得不同，會用比較淺的方式來呼吸。他們的肌肉緊繃起來，有一股能量流經身上，讓他們覺得自己快要爆炸了。有這種身體生氣的孩子會覺得自己必須做點什麼事情，例如踢東西、砸碎物品或撕碎東西，才能夠讓生氣的能量發洩出來。

讓生氣像那樣陷在身體裡面是一種很恐怖的感覺。冷靜想法有一些助益，但有時候光是那樣並不夠。一旦生氣已經在你全身胡作非為，它就必須被釋放出來，才有助於你的身體重新恢復良好的感覺。

有些孩子會透過做一些很生氣的事情來釋放他們的生氣。

他們大聲叫出憤怒的字句，

或是做一些有害的事情。

不過，用這些方法釋放的孩子會發現他們的生氣還是很大、很恐怖，那是因為做這些事情並不是真正的釋放。它們是生氣的表達，這指的是它們有展現生氣，但並不真的可以幫你的忙（除了可能會讓你陷入麻煩之外）。

有時候人們會建議用「安全」的方式來表達生氣，像是打枕頭或自己一個人大叫。假如你曾經試過這些方法，你可能已經發現它們也不怎麼管用。那是因為它們仍是屬於生氣行動，因此當你在做這些行動時，你的腦部仍然在**怒吼**，而你的身體也仍然在攪動所有的生氣能量。

你所需要的不只是一種表達，你需要一種真實的釋放，這種釋放會讓生氣發洩出來但卻不會傷害到任何人或任何事，也不會讓你陷入麻煩或讓你後來覺得難受。

要獲得這種釋放有兩種不同的方法。其中一種涉及到快速活動你的身體，以便消耗所有的生氣能量。另外一種涉及到讓你的身體慢下來，以便使生氣逐漸平息。以下是每一種方法的運作方式。

活動的方法

你已經知道生氣就像是你身體內的燃料，若想擺脫它，你就必須讓它燒盡。燒盡生氣能量其中一個方式是身體的活動，而且動得越快越好。騎上你的腳踏車到處跑；跳跳繩；帶家裡的狗出去遛遛；放些音樂，然後隨著旋律跳舞。

假如你能專注在活動本身或是跟你生氣事情完全無關的某些事上面，那這個方法會有最好的效果。因此，你可以在心中數數字，或者你自己與你最喜歡的偶像正在經歷冒險故事，或者唱些歌（要很大聲！），或者一再重複地說一些話。

記住，這個方法並不同於休息一下。假如生氣掌握住你全身，那類似像玩電視遊樂器或讀一本書等安靜地休息一下，並不會對你有所幫助。在釋放你身體內的生氣，要想辦法讓你的心臟跳快一點，要讓你的肌肉運動並揮汗，或是想一些至少可做10或15分鐘的事情。活動，特別是有趣的活動，將會把生氣能量燒出你的系統，讓你的內在感覺很好。

　　若能事先想想每次生氣替你惹麻煩的情況下你能夠做些什麼活動，那將是很有幫助的事情。或許你可以請求老師讓你去跑一跑樓梯。或許你可以在家使用你父母的健身腳踏車。或許你可以在你家外面清出一條路徑，好讓你可以到處跑一跑。

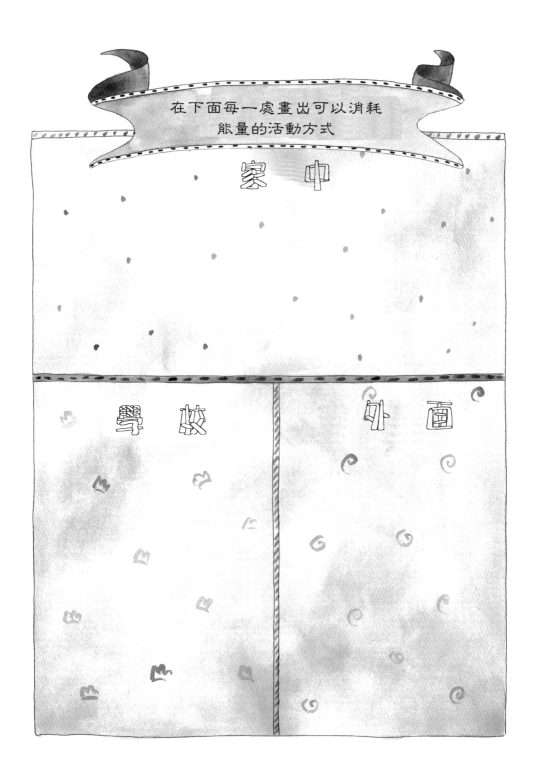

在下面每一處畫出可以消耗
能量的活動方式

家中

學校　　　外面

慢下來的方法

當能量快速流經你的身體時，你可以做些活動來把它消耗掉，或者做些安靜的事情來讓狀況慢下來。慢下來的方法是令人放鬆且私密的方法。它們也相當具有可移動性，這意謂著你隨時隨地都可以做。

呼吸是每一種慢下來的方法中很重要的部分。深呼吸有助於緩和你的心跳，讓你的內在感覺更好一點。因此，我們首先來學習呼吸。

每個人都知道如何呼吸。你想都不用想就隨時在呼吸，但是呼吸的方法其實有好幾種。你可以從鼻子吸氣，或者你也可以從嘴巴吸氣；你也可以從你的鼻子或嘴巴呼氣。你可以在胸腔上部做短、喘息似的呼吸，或者你也可以做深呼吸，讓空氣進入整個肺部。你可以實驗一些不同的呼吸方式。

讓你的身體慢下來的最佳呼吸方法：一開始是閉上你的嘴巴，然後從鼻子深深吸一口氣，就好像你走進一家麵包店，聞到剛出爐的餅乾時所做的吸氣動作一樣。在吸氣的時候，在心中慢慢地數到3。

在呼氣的時候，閉上你的嘴巴，然後讓空氣從鼻子呼出去。假如你過去習慣用嘴巴呼吸，這個動作可能會讓你覺得怪怪的，但只要你多練習幾次，你就可以掌握那個訣竅。在呼氣的時候，在心中慢慢地數到4，好讓呼氣的時間比吸氣的時間稍微久一點。

在每一次呼吸之間暫停一下，然後再開始下一次呼吸。記得要從鼻子吸氣（數1-2-3）和呼氣（數1-2-3-4）。假如你需要稍微打開嘴巴以便呼出更多的空氣，那倒沒關係，但記得下一次吸氣時要把嘴巴閉上。

有些孩子喜歡在吸氣和呼氣的時候想像一些事情。在每一次吸氣的時候，你可以想像自己正吸入你最喜愛的氣味。吸入＿＿＿＿＿＿（在此寫下你最喜愛的氣味），然後呼出所有強烈、生氣的感覺。在你慢慢吸滿你最喜愛的氣味時，想像生氣正在離開你的身體。

其他孩子則喜歡專心數數字，喜歡在一呼一吸之間無心旁騖，只有數字。

兩種方法都很好。重要的是擺脫掉所有讓你生氣的事物，這樣你就能專心在呼吸……呼吸……呼吸。

慢下來的方法之第二部分是讓你身體的其他部分都參與進來。試試看下面三種選擇，再看看你最喜歡哪一種。

選擇1：伸展

將你的手臂伸展到高過頭部，然後儘可能地讓你的指尖觸向天花板，越高越好。吸氣（數1-2-3），然後呼氣（數1-2-3-4）。

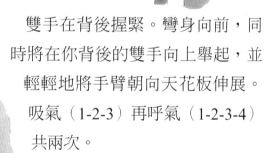

把你的手放在肩膀上面，手肘朝外。慢慢扭向一邊時吸氣，扭向另一邊時呼氣。前後扭動，同時在每一次扭動時輕輕地伸展你的身體。保持呼吸（吸氣1-2-3……呼氣1-2-3-4）。

雙手在背後握緊。彎身向前，同時將在你背後的雙手向上舉起，並輕輕地將手臂朝向天花板伸展。吸氣（1-2-3）再呼氣（1-2-3-4）共兩次。

伸直雙手並讓雙手自然下垂在身體兩側。輕輕地將頭轉向一側，然後另一側，然後前後轉動。保持呼吸。

選擇2：擠壓

拿一個抱枕來，然後吸一大口空氣（記得從鼻子吸氣）。

在你吸氣的時候，用最大的力量擠壓抱枕。即使它是一個小抱枕，你也要用你全身的力量來擠壓它。用手臂緊緊地抱住抱枕，縮緊你的臉，並且緊繃你腿上的肌肉。保持你全身在這種用力的擠壓動作中，同時在心中數到3。

接下來，在呼氣的時候放開抱枕並且全身放鬆，同時在心中數到4。

在你放鬆的時候，慢慢地深吸一口氣（數1-2-3），再呼出來（數1-2-3-4）。

然後再一次吸氣並擠壓。

這樣的模式做五次：吸氣、擠壓並維持此動作、放開並呼氣、不擠壓的情況下吸氣再呼氣，然後重新開始。

選擇3：輕敲

雙手在你胸前交叉。

用你的左手輕敲右邊肩膀，然後再用你的右手輕敲左邊肩膀。敲的時候在心中數數字，每敲一次就數一個數字。

慢慢地呼吸，但不要數你的呼吸次數，而是數你輕敲的次數。

繼續做下去──右、左、右、左、右、左──前後輕敲，不斷重複，直到你數到100。

雙手持續在胸前交叉，然後額外再呼吸兩次，慢慢地並保持放鬆，從你鼻子吸氣和呼氣。

吸氣1-2-3……呼氣1-2-3-4暫停。

吸氣1-2-3……呼氣1-2-3-4暫停。

然後重新開始輕敲。敲、敲、敲、敲，直到你數到100。

假如一開始你在沒有生氣的時候做練習，那麼慢下來的方法會有最大的效果。在未來的一週內，每天花5到10分鐘練習你最喜歡的慢下來方法。先在你沒什麼事做的時候做練習，而不是在你氣炸了的時候。

在接下來的一週中，花10分鐘做一些真的很有活動性的事情來讓你的心臟跳快一點，然後再練習你最喜歡的慢下來方法。用這種方法做練習將會有助於你學會真正使你的心臟慢下來並使你的身體平靜下來，而這正是你在生氣的時候，必須做的事情。

做練習對你而言可能有點無聊。有些孩子會想要省略這個步驟，但是假如你沒有先做練習，這些方法就不那麼有用。或許你可以要求你父母其中一人陪你做練習，（媽媽和爸爸也需要學習如何讓自己平靜下來！）然後再一起做些有趣的事。

在兩週的練習之後，你將會準備好要在真正生氣的時候運用其中一種慢下來的方法，而你也將會看到它真的有助於你內在感覺到更平靜及祥和。

未來兩週你要練習哪種方法呢？

◎ 把它寫在這裡。　　　　　　　　　　　　　　　　　　

把我的身體慢下來

第1天 已練習 ☐	第2天 已練習 ☐	第3天 已練習 ☐	第4天 已練習 ☐	第5天 已練習 ☐	第6天 已練習 ☐	第7天 已練習 ☐

提醒：第二週在練習之前要做一些有活動性的事情
　　　來讓你的心臟跳快一點！

第8天 已練習 ☐	第9天 已練習 ☐	第10天 已練習 ☐	第11天 已練習 ☐	第12天 已練習 ☐	第13天 已練習 ☐	第14天 已練習 ☐

第八章

撲滅生氣方法四：解決問題

當你生氣的時候，彷彿通向你大腦思考部分的那個門就突然關閉起來。這時你所見或所感覺到的都是生氣。你所知道關於有理性和解決問題的那個部分都被鎖在那道關上的門

後面。那也就是爲什麼釋放生氣的活動性方法及慢下來的方法會那麼重要。它們可以重新安置你的身體，並且重新打開你思考大腦的門，讓你可以真正去處理問題。

　　一旦你能清楚地思考，你就會知道一旦出現問題，你其實有兩個好的選擇。你可以設法解決它，或者你可以只是繼續過你原本的生活。一旦你大腦思考部位有大門完全打開，你就可以運用你已經知道的事物以及你即將要學習的技巧來面對幾乎的任何問題。

解決它

解決一個問題意謂著直接面對它，這意謂著決定要做一些會讓狀況變好的事情。

為了解決問題，你必須要能夠自我肯定，這意謂著要能夠平靜且清楚地說出某些話。大吼大叫無助於事，但談談話卻有幫助，特別是假如你運用平常的音量來談的話更是有益。因此，第一步是說出問題究竟是什麼。這並不難，多數孩子都很清楚知道問題究竟是什麼。

以下是那種情況的樣子：

妳想要熬夜看電視裡的一項特別表演，但是表演的時間已經超過妳的上床時間

> 我真的很想看

> 我並不想玩那個

妳想要騎腳踏車，但是妳的朋友卻想玩捉迷藏。

你想要用你姊姊的滑板，但是她不讓你用。

妳正在做語言藝術作業，但妳弄不懂副詞究竟是什麼。

下一步是思考一下你想要什麼。事情在此變得有點微妙，因為你想要的與你真正能得到的有可能會不一樣。

保持彈性在這裡就顯得重要。保持彈性意謂著能夠接受得到的東西可以跟你原本想要的東西有一些不一樣。這是一種用創意來思考的方式，才不會讓你的腦袋卡住，而且一旦你學會怎麼做，你就會知道那種感覺真不錯。

　　以下是事情不順利的一些例子。在每個例子中，你真正想要的跟你能得到的並不一樣，看看你是否能在每一個例子中想出一個有彈性的解決方法。

你在休閒時候最愛玩足球，但卻沒有人記得帶足球。

有彈性的解決方法＿＿＿＿＿＿＿＿＿＿＿＿＿＿＿

＿＿＿＿＿＿＿＿＿＿＿＿＿＿＿＿＿＿＿＿＿＿＿＿

你正想吃雞塊，但是你家人卻要去中國餐館吃晚餐。

有彈性的解決方法＿＿＿＿＿＿＿＿＿＿＿＿＿＿＿

＿＿＿＿＿＿＿＿＿＿＿＿＿＿＿＿＿＿＿＿＿＿＿＿

妳打電動眼看要過關了，
但妳的時間卻到了，而且
妳妹妹正等著要打電動。

有彈性的解決方法

　　既然你正在用有彈性的方法思考，現在回頭去看上述三個問題例子，看看你是否能想出兩個或更多意見來解決每個問題。對一個問題想出許多可能的解決方法，這個過程就叫做「腦力激盪」。

解決方法
踢球
盪秋千
捉迷藏
擲飛盤
傳接球
追逐遊戲
玩足球
跳格子遊戲

有時候別人會喜歡你所建議的解決方法，這時候就很容易彼此同意該怎麼做。但是，有時候你所想要與別人所想要的東西完全不一樣，若是這種情況發生了，就該是有所妥協的時候了。

　　在妥協的過程中，每個人得到他們想要東西的一部分，或是得到某種接近他們想要的東西，但並不完全是他們想要的那個東西。每個人退讓一些，也獲得一些，而最後的解決方法是讓每個人的心裡都感覺還不錯。即使你最後並沒有得到你原本最想得到的那個東西，妥協通常是你所能做的最佳選擇。而且，它當然比完全不解決問題來得好。

　　看看你是否能想出某種妥協來解決下列問題：

你很餓，但是你家的規定是吃飯前不可以吃零食。

妥協＿＿＿＿＿＿＿＿＿＿＿＿＿＿＿＿＿＿＿＿＿＿＿＿＿

＿＿＿＿＿＿＿＿＿＿＿＿＿＿＿＿＿＿＿＿＿＿＿＿＿＿＿

你想要溜直排輪，但是你的朋友想要你扮馬讓他騎。

妥協 _____

你想要出去玩，但是你媽媽說你這時候應該要寫作業。

妥協 _____

　　請記得，在妥協的情況下，沒有人可以得到他們所有原本想要的東西，但是每個人都得到他們想要東西的一部分。

　　一旦你能有彈性思考（腦力激盪），而你又願意妥協，問題就能夠在不引起太大衝突的情況下獲得解決。能夠用這種方式解決問題，感覺真的還不錯。別人會比較喜歡跟你在一起，而你自己也會覺得比較快樂。

先不管它

不管它意謂著決定先不想或先不處理問題，即使問題還沒有得到解決。這意謂著就聳聳肩，然後繼續做下一件事情，同時不要抱怨、發牢騷或心存怨恨。

舉例來說，想像在玩捉迷藏。你還有10分鐘休息時間，而且天氣很涼爽，能夠跑一跑的話感覺一定很好。你正跟你的朋友們在一起玩捉迷藏，而你就是那個「鬼」。你跑得像風一樣快，伸出手臂碰到了某個人，然後那個人就應該要當「鬼」了，但是他卻開始爭辯說你並沒有碰到他的手，或是說你只碰到了他的衣袖而已，或是爭辯說這不算數。你真的需要犧牲整個遊戲而來解決這個問題嗎？

可能不用吧！繼續玩下去可能會更好玩，你可以去追別人啊！有時候能做的最好選擇就是接受已經發生的事，然後就先不管它。

決定不管它意謂著完全不理會問題——不爆發脾氣、不生悶氣也不心存怨恨、不做腦力激盪，也不把它談開來。不管它既不是放棄也不是屈服。就某些情況來說，不管它可能是最聰明的方式，也是你所能做最有力的方式，因為你正決定了不要浪費你的時間或能量在根本不那麼重要的事情上面。

　　以下是你可以對自己說的一些話，以便提醒你自己不用每一場仗都要親自下去打。看看你是否能想到更多的一些話。

　　學會一笑置之的感覺真的很棒，試試看你就知道。

最後是由你來決定何時要努力解決問題，而何時要先不管它。有許多狀況是兩種選擇都很好。

看看以下這些問題，決定一下有哪些問題你會跟相關的人談一談，以便找出一個解決方法；以及有哪些問題你會一笑置之，以便你能繼續做下一件事情。把你會做的選擇圈起來，然後再跟與你一起讀這本書的人討論你的答案。

你正在排隊看噴泉，
有人在你前面插隊。

解決它　　　　　不管它

你的朋友答應在午休時間
要跟你一起去盪秋千，但
她現在卻在踢球。

解決它　　　　　不管它

你媽媽剛剛下班回家，
卻為了一件你根本沒做
的事情而對你大聲嘮叨

解決它　　　　　不管它

你最要好的朋友告訴你
說他無法參加你的生日
派對。

解決它　　　　　不管它

你正在做某件事情，而
你爸爸卻叫你到外面幫
忙清理落葉。

解決它　　　　　不管它

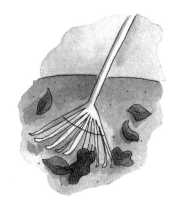

你弟弟辱罵你，讓你氣
炸了。

解決它　　　　　不管它

79

一旦你在解決問題或決定先不管它這方面做得更好，你就會發現你不再像以前那麼容易生氣。一旦知道你能夠處理橫在你面前的問題，你就比較不會再有過去引發諸多麻煩的那種激烈想法。不再想到「不公平！」或「他故意那樣做！」，你就會開始想到更有用的冷靜想法。

每天花一點時間對你媽媽或爸爸說說你處理很好的一個
問題。

◎ 你如何讓你自己冷靜下來？

◎ 你如何解決那個問題？

◎ 或是你是否決定先不管它？

◎ 事後你有什麼感覺？

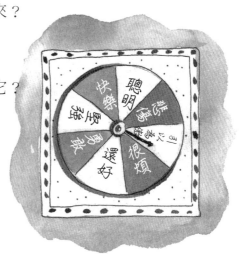

第九章

確認導火線

只要你已經在練習四種撲滅生氣的方法，你可能也已經留意到你的氣不像過去生得那麼快或那麼大。這種感覺很棒，不是嗎？

那並不意謂著你永遠不會生氣。每個人總有生氣的時候，其中一個原因是**導火線**會不斷發生。導火線是引發一種反應的某種狀況，就像搔癢引發吃吃笑或是花粉引發打噴嚏一樣。所謂生氣的導火線，就是引發激烈想法和生氣感覺的某種狀況。

以下是其他孩子所列出的一些生氣導火線。若它們對你而言也是導火線，你可以在旁邊打✓。你可以加上其他引發你生氣的導火線——讓你想要**大叫**的感覺或狀況。

生氣導火線

- ☐ 嘲笑
- ☐ 家庭作業
- ☐ 大聲嘮叨
- ☐ 覺得匆忙
- ☐ 輸掉比賽
- ☐ 睡醒起來

_____ _____

_____ _____

_____ _____

知道你自己有哪些導火線是很有用的作法，因為你可能就可以讓某些導火線不要太過頻繁出現。

舉例來說，假如在你完成某件事之前就必須中斷做這件事是你的生氣導火線，你就可以試著要求你父母給你10分鐘的緩衝時間，如此一來你就不會覺得這麼常被中斷。感覺被中斷或許仍然是一個導火線，但是你就已經有做一些努力來讓它不要那麼常發生。

挑選一個你的生氣導火線，然後想想你是否可以做些什麼努力。問問你自己：

◎ 什麼是導火線？

◎ 你可以做些什麼努力來讓這個導火線不要這麼常發生？

　　舉例來說：

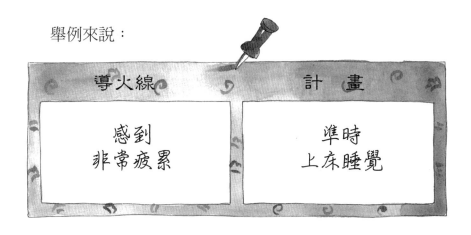

◎ 在此寫下你的想法。

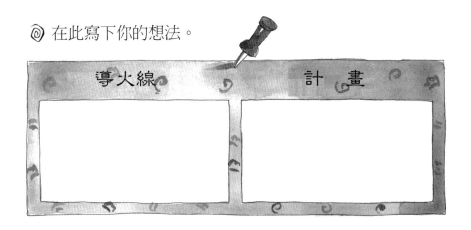

但是有些導火線並無法事先預防，因為你完全無法控制它們，就像是被嘲笑或輸掉比賽。對於這些導火線，最好是練習冷靜想法來幫助你自己保持平靜。

　　舉例來說：

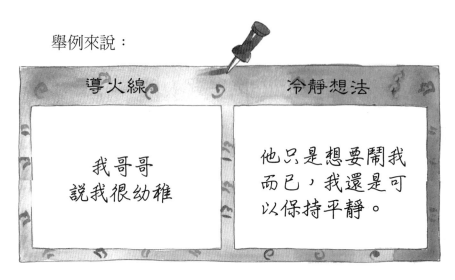

導火線	冷靜想法
我哥哥說我很幼稚	他只是想要鬧我而已，我還是可以保持平靜。

　　挑選一個你無法預防它發生的導火線。

◎ 把它寫下來。

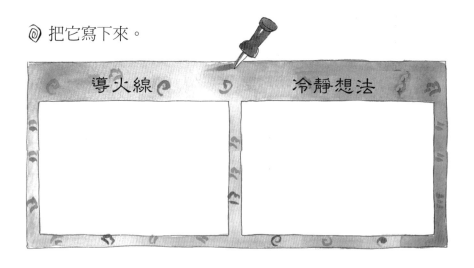

導火線	冷靜想法

一旦你感到生氣，就可以運用某一種撲滅生氣的方法。然後在你感到比較平靜之後，你就可以試著想想到底是什麼導致你生氣。假如你留意到同樣的導火線一再重複發生，看看你是否可以做個計畫來幫助你自己在未來可以避免掉那個導火線，並且幫助你自己在那種狀況真的發生時仍然可以保持平靜。

第十章
以牙還牙與刺刺球

你或許已經留意到某些導火線就是會發生。或許是你最要好的朋友舉辦生日派對那天你卻生病了，或者是你的戲劇課剛好排在你上中文課的同一天。有時候令人挫折的事情真的發生了，但那不是任何人的錯。

但是有些導火線很清楚是某個人的錯。你的老師在你祖父要來你家那天指派了一大堆家庭作業，或者你媽媽沒有洗衣服，以至於你要穿的襯衫還很髒。

若是某人導致導火線發生，這時你應該停下來問問你自己：他們是否故意這樣做。他們故意要讓你不高興的嗎？你媽媽沒有洗衣服，只是因為她不想讓你有衣服穿嗎？你的老師指派了一大堆作業，只是因為他想阻礙你和祖父相處的時間嗎？他們這樣做只是想讓你生氣嗎？有很多時候，你對這些問題的答案應該是「不是」。

若是某人啟動了你的導火線，但你知道他們並不是故意要傷害你，這時候你可以想一些冷靜想法，然後試著解決問題或是先不管它。

不過，若是某人是故意引發你的導火線，那就是完全不同的情況。那種情況有時候的確會發生。有些人做某些事，就純粹只是不懷好意，只是為了要惹你或是讓你不高興。

舉例來說，你很討厭被嘲笑，但卻有個人——可能是你哥哥或是你足球隊裡的某個人——很喜歡嘲笑你。或者是你很不想要老師對你印象不好，但是你班上的某個同學卻在美術課時對老師打小報告說你在鬼混。

　　若是某人啟動了你的生氣導火線，特別是假如他是故意這樣做的話，你可能會很想報復。想要對傷害我們的人討回公道，是一個很令人心動的事情。這種情況有時候被稱為「以牙還牙」。以牙還牙看起來好像是讓事情扯平，但實際上只是讓生氣繼續下去。

　　這就像是一場接球比賽一樣。有人用惡意的方式對待你，因此你就用惡意的方式回敬他們，而他們再用惡意的方式對待你。就這樣來來回回地彼此對待——只是這場比賽所玩的是一顆刺刺球，不管是丟球或接球的人都會受到傷害！

但是想想這個場景：若
是有人丟一顆球給你，
你可以有選擇，不
是嗎？你可以
接起球，然後
丟回去，或者
你也可以決定
不玩了。

我不玩了

假如你決
定不玩了，你
可以就讓那顆球留
在地上，畢竟這是一場很
爛的比賽，而你也有更好的事情可
做。

因此，若別人對你很有惡意，你就不要「接」這個惡
意，想像一下有一顆刺刺球朝你飛過來，然後噼啪一聲掉在
你腳下。

沒有必要讓它打中你，也沒有必要把它撿起來。就讓刺
刺球靜靜地躺在那裡。它沒有必要成為你的問題。

想一下冷靜想法，然後走開。

以下說明這種情況如何運作。假設在午餐時刻你正在和你朋友們開玩笑。有人用手挖出他的布丁，然後一小塊一小塊丟在桌子上面。「哦，你們看」他說，「桌子長了水痘」。你的盤子裡還有剩下的蕃茄醬，而每個人都知道水痘是紅色的，因此你就在布丁上面加上了紅色蕃茄醬，來讓它們看起來像是真的水痘一樣。這原本不是什麼大不了的事，而你在做完之後也正想把桌子上的髒亂清理一番，但是有人卻跑去告你的狀。現在午餐管理員正趕過來處理。

你記得你在本書中一直在讀到的東西，因此你做的第一件事就是想一想冷靜想法，「我可以保持平靜」。你瞭解到這是一件你必須加以處理的問題，因此你說了對不起，並且承諾把桌子清理乾淨。在你清理桌子之後，午餐管理員要求你坐在那裡5分鐘悔過。在你可以到外面玩之前，你已經錯失一半的休息時間，但是你看到你的朋友們都在玩球，於是你跑過去加入他們。那個告密的孩子也一起在玩球。

你會用球大力丟他，然後假裝這只是不小心？你會一直讓他接不到球，這樣他就覺得不好玩嗎？你會叫他是告密者嗎？你會取笑他丟球的姿勢嗎？

上述這些都是以牙還牙的例子，但是沒有一件是正確的作法。最好的選擇是把你自己投入比賽遊戲當中。讓自己玩得很有趣，讓自己的心臟活躍地跳動起來。要告訴自己說剛剛發生在午餐的那件事已經結束了。假如當下你覺得很難跟那個孩子一起玩，你可以先去玩踢球。

決定不以牙還牙可以讓你以一種非常有力量的方式獲得掌控。認為看你生氣很有趣的人，或是過去一直會讓你憤怒的情況，從此之後不再能引發你的生氣。

相反地，你正坐在你自己人生的駕駛座上面，平靜地駛離煩憂，到處欣賞優美的景色，然後開往你想去的那些地方。

第十一章

加長引信

時間回到你經常很快動怒的那段日子，別人可能說你「引信很短」。那是說你脾氣很容易爆發的另一種說法。就像是你在卡通影片所看到的火藥，有時候只有一小段引信附著，然後只要一點火，火藥很快就爆炸。

不過，有時候卡通裡的火藥有很長很長的引信，繞著石頭、湖邊、洞穴以及很多東西。它連著很長很長，因此慘狀發生之前必須先燒完所有的引信。主角就有很多時間去做一些很好笑的事情，像是努力跑得比爆炸還快或是在引爆的過程中設下一些很瘋狂的障礙物。

引信比較短的人們比較快脾氣爆發。如果引信比較長，人們就有更多時間思考及呼吸，然後決定做些什麼。比較長的引信可以幫助人們照顧他們的生氣，以免生氣變得太大而無法處理，於是他們就可以爆炸發生之前就把火滅掉。

你在本書所學到的所有方法都在增加你的引信長度。深呼吸、想一想冷靜想法、安全地釋放生氣，以及努力解決問題，這些都在拉長引信，如此一來，爆炸就不會發生得那麼快，或者根本就不會發生。

還有一些其他的事情，你可以用來拉長你的引信，這些事情相當有益健康且有趣，而且每天都可以做。

　　有充足的運動是拉長引信的一個好方法。它會釋放蓄積的緊張，同時燃燒掉儲存在我們身體內的生氣感覺。

　　每天盡情遊戲或勞動至少三十分鐘可以幫助我們的身體製造出使我們愉快及強壯的那種能量。事實上，它可以幫助我們處理橫在面前的問題。更何況，這些事做起來還真是有趣！

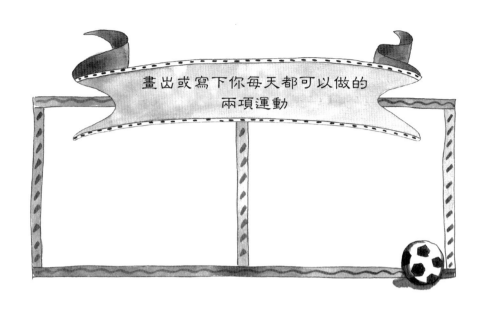

畫出或寫下你每天都可以做的
兩項運動

　　吃比較健康的食物也可以拉長你的引信。就像車裡面的
正確燃料可以讓引擎運轉順利一樣，良好的食物可以幫助你
的身體運轉得更為順利。一旦你處在最佳狀態，你就更能夠
處理道路上的障礙。

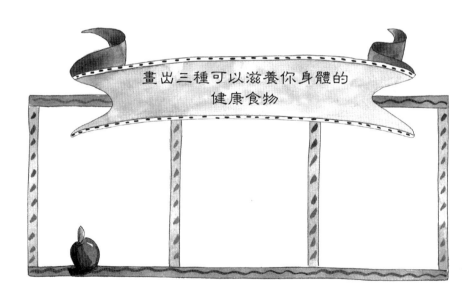

畫出三種可以滋養你身體的
健康食物

獲得充足的睡眠也可以拉長引信。一旦你有了良好的休息，你就比較容易保持平靜及處理失望。小孩子每晚需要有9到11小時的睡眠。

◎ 畫出你在上學日的上床時間……

……以及你睡醒的時間

◎ 你有幾小時的睡眠時間？

◎ 假如你沒有獲得足夠的睡眠時間，跟你父母討論出一個計畫來幫助你得到你身體所需要的睡眠。

擁有一些自由的時間並且做一些有趣的事情也可以拉長引信，因爲保持放鬆以及享受生活可以幫助你處理路上的顛簸——發生在我們身上的挫折、失望及不公平事物。

畫出你做起來
很有趣的一些事情

第十二章

你一定做得到！

你正在成為處理你生氣的一位專家。而且，假如你已經練習過你所學到的每件事，那你已經花了不少時間在你自身生活的駕駛座上面。

即使事情不如你所想要，你現在也能夠處變不驚。你知道如何掌控問題或如何解決它們。你可以控制你自己，即使未來仍充滿困難。

恭喜你。

你可能會有興趣知道，你所學到的這些撲滅生氣方法並不只適用於小孩子。你所景仰的一些成人也會用相同的方法，這些人平靜、有趣而且又親切，而且他們在事情出錯時並不會脾氣爆發。

在以後的日子裡，你都可以運用這些方法，然後你就可以長大成為孩子們所景仰的成人，一個平靜、有趣又親切的成人。

你所需要的就是記得要運用你的撲滅生氣方法。

撲滅生氣的方法

◎ 休息一下

◎ 想一想冷靜想法

◎ 安全地釋放生氣

◎ 解決問題或先不管它

掌控自己的感覺很棒。能夠掌控自己,可以讓你更容易
到達你想去的地方,並且在路途中享受美麗的風景。

這種感覺真是棒極了！

國家圖書館出版品預行編目資料

脾氣爆發了怎麼辦？：幫助孩子克服發脾氣問
題／Dawn Huebner著；Bonnie Matthews繪
圖；陳信昭，陳碧玲譯. -- 二版. -- 臺北
市：書泉出版社，2023.07
面；　公分
譯自：What to do when your temper flares : a
kid's guide to overcoming problems with anger
　ISBN 978-986-451-317-8（平裝）

1.CST: 兒童心理學　2.CST: 憤怒　3.CST:
通俗作品

173.12　　　　　　　　　　　112006960

3I97

脾氣爆發了怎麼辦？
幫助孩子克服發脾氣問題

作　　者／Dawn Huebner

繪　　圖／Bonnie Matthews

譯　　者／陳信昭　陳碧玲

發 行 人／楊榮川

總 經 理／楊士清

總 編 輯／楊秀麗

副總編輯／黃文瓊

責任編輯／李敏華

封面設計／陳亭瑋

出 版 者／書泉出版社

地　　址／106臺北市大安區和平東路二段339號4樓

電　　話／(02)2705-5066　　傳　　真／(02)2706-6100

網　　址／http://www.wunan.com.tw

劃撥帳號／01303853

戶　　名／書泉出版社

總 經 銷／貿騰發賣股份有限公司

電　　話／(02)8227-5988　　傳　　真／(02)8227-5989

網　　址／www.namode.com

法律顧問／林勝安律師事務所　林勝安律師

出版日期／2009年6月初版一刷（共五刷）
　　　　　2023年7月二版一刷

定　　價／新臺幣200元

經典永恆・名著常在

五十週年的獻禮 ── 經典名著文庫

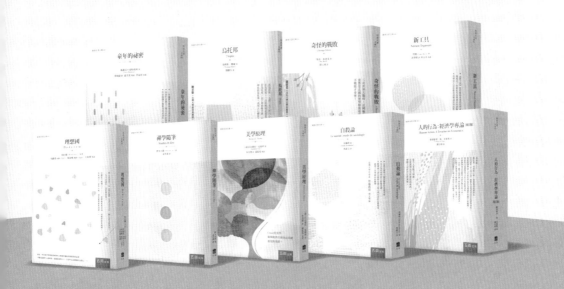

五南，五十年了，半個世紀，人生旅程的一大半，走過來了。

思索著，邁向百年的未來歷程，能為知識界、文化學術界作些什麼？

在速食文化的生態下，有什麼值得讓人雋永品味的？

歷代經典・當今名著，經過時間的洗禮，千錘百鍊，流傳至今，光芒耀人；

不僅使我們能領悟前人的智慧，同時也增深加廣我們思考的深度與視野。

我們決心投入巨資，有計畫的系統梳選，成立「經典名著文庫」，

希望收入古今中外思想性的、充滿睿智與獨見的經典、名著。

這是一項理想性的、永續性的巨大出版工程。

不在意讀者的眾寡，只考慮它的學術價值，力求完整展現先哲思想的軌跡；

為知識界開啟一片智慧之窗，營造一座百花綻放的世界文明公園，

任君遨遊、取菁吸蜜、嘉惠學子！